9 789948 758105

التِّيه

مصطفى جوهر

التِّيه

شِعر

إصدارات دائرة الثقافة، حكومة الشارقة 2024 م

الناشر: دائرة الثقافة ـ حكومة الشارقة ـ الإمارات العربية المتحدة

الهاتف: +971 6 5123333

البرّاق: +971 6 5123303

الموقع الإليكتروني: www.sdc.gov.ae

البريد الإليكتروني: sdc@sdc.gov.ae

811.962

ج م. د   جوهر، مصطفى

التيه / مصطفى جوهر .ـالشارقة، الإمارات العربية المتحدة : دائرة الثقافة، 2024.

156 ص. ؛ 21x14 سم.

1. الشعر العربي – مصر -دواوين وقصائد

أ. العنوان

ISBN: 978-9948-758-10-5

عَلَى سَبِيلِ الْإِهْداء

لِلَّذِينَ ارْتَدَوْا شِتَاءَهُمُ سِرّاً؛
أَضَاءَتْ فِي ثُقُوبِهِمُ الشُّمُوسُ

سَيِّدَةُ الْمَاءِ

كَنَهْرٍ يَتَمَطَّى

لِيُبَاعِدَ بَيْنَ مَنَابِعِهِ

وَفَنَاءِ الرُّوْحْ

أَطَلَّتْ؛

بِصَفَاءِ الْعَيْنَيْنِ الزَّرْقَاوَيْنْ

امْرَأَةٌ تَدْرِي ما كُنْهُ الأُنْثَى

وَحَنِينَ الْوَقْتِ إِلَيْهَا

ـ «حِسُّكَ بِالدُّنْيَا».. قَالَتْ؛

زِلْزَالٌ مَرْكَزُ بُؤْرَتِهِ

حَيْثُ الأَقْدَامُ تُشَارِكُ

نَفْخَةُ رِيحٍ – مِنْ عُقْبِ الْبَابْ –

وَعَلَاقَةُ عِشْقٍ وَاضِحَةٌ بِبَلَاطِ الشَّقَّةِ،

وَالنُّورُ الْمَعْكُوسُ

عَلَى مِرْآةٍ

صَفَّتْهَا بِجِوَارِ الْبَابْ؛

يُشْتِّتُ مِنْ مَيْدَانِ التَّرْتِيبَاتِ تَظَاهُرَةً

وَيُجَمِّعُهَا؛ لِيَقَرَّ الْقَلْبُ

أَمَامَ كُعُوْبِ جُنُوْدٍ

تُرْسِلُهَا عَيْنَاهَا الزَّرْقَاوَانِ

– عَمِيْقاً.. في حَذَرٍ –

مِن خَلْفِ خُطُوْطِ تَوَقُّعِهِ

(مَاذَا تَعْنِيْ

بِمَدِيْحٍ جَرَّ السُّحْبَ ثِقَالاً

فَوْقَ هجيرٍ يركض فِي بَاحَاتٍ تبختره؟)

وهْيَ امْرَأةٌ

وَلَها مِن سَمْتِ نَدَاهَا

رَائِحَةُ الغَابَاتْ

(مَاذَا سَتَقُوْلُ عَنِ التُّفَّاحِ؟

وَصَلْصَلَةٍ مِنْ خَلْفِ شُجَيْرَاتٍ؟)

لَوْ يَمْشِي..؛ تركُضُ

إنْ يَبْسُمْ..؛ ضَحِكَتْ

مَا يَنْوِيْ..؛ تفعَلُ

مُنْدَهِشاً مِنْ فَعْلَتِهِ

سَيَظَلُّ قُرُوْناً لا يجْني شيئاً

إلَّا عَضَّ أنَامِلِهِ

أيُرِيْقُ النَّهْرَ بأكْمَلِهِ في صحْنِ يَدَيْهَا؟

بَيْنَا كَانَ مُخَطَّطُهُ أنْ يَكْسِرَ قُلَّتَهَا،

وَيُقَوِّضَ مَا طَمَحَ النُّوْرُ الْعَفْوِيُّ إلَيْهِ؛

تَسَبَّبَ فِيْ جَعْلِ الظِّلِّ المَحْدُودِ

ظِلَالاً مُمْتَدَّةً!

مَذْهُوْلاً يَمْشِي فيه اللَّيْلُ

ـ وَقَدْ سُلِبَت كينونَتُهُ ـ

وَأَنِيْسُ بساتينٍ

تدنُو منه امْرَأَةٌ

تَتَقطَّرُ فِيْ فمِهِ عَسَلاً

وَنَبِيْذاً عُتِّقَ بينَ يَدَيْهِ:

حَدِيْثاً ـ مَا بَدَآهُ ـ يَطُوْلُ

قَدْ كَانَ ضَرُوْرِيّاً

أَنْ يَلْحَقَ قَبْلَ نَفَادِ الكَمِّيَّةْ.

قَدْ كَانَ ضَرُوْرِيّاً

أَنْ يَسْحَبَ

هَذَا الكَائِنَ في بُسْتَانِ النُّوْرِ الأَعْلَى؛

كي يتميَّعَ في الظَّلْمَاءِ الظِّلُّ!

في بِضْعِ سُوَيْعَاتٍ

وسَيَأْتِي الصُّبْحُ عَفِيّاً

هَذَا الْجَوُّ اللَّافِحُ

أفْضَلُ مَا يَلْقَاهُ الْمَجْبُولَانِ عَلَىْ خَدَرِ الظُّلَّةُ.

(سَتَظَلُّ الصَّدْمَةُ

فِي الْجِينَاتِ تُوَرِّثُ

مُفْتَتَحَ التِّيْهِ)

أَيِّتِيهُ بِخِبْرَتِهِ الْمَحْدُوْدَةِ؟

أَمْ يمضي للدَّوَّامَاتِ سَرِيْعاً؛

لِامْرَأةٍ..

يَتَدَفَّقُ مِنْ عَيْنَيْهَا الْمَاءُ

– يُرَاوِغُ حِصْنَ تَعَفُّفِهِ الْمُصْنوعِ –

أُكَرِّسُ لِلْبَذْلِ المُتَبَادَلِ

بَيْنَ النَّارِ وَبَيْنَ المَاءُ!

لَوْ تقْبلُ..؛ جَاءَ،

وَنَاءَ الْغَارِبُ مِنْ

حَمْلِ الأَلْوَاحِ؛

وَيَبْنِي الْفُلْكَ

لِيَنْجُوَ مِنْ أيَّامٍ حالكةٍ بَدَأَتْ

مِن آنِ تَقَيَّدَ فِي الْملكوتِ

رِهَانُ الإِحْبَاطِ الْمُزْمِنْ!

كَانَتْ قِيثَارَةَ مَاءٍ؛
حِيْنَ تَجَمَّعَ عِنْدَ السَّطْحِ غُبَارٌ
لَامَسَ أَوْدِيَةَ الأُنْثَى
وَالْحِكْمَةُ أَمْلَتْ فِعْلَ الْمَزْجِ
وَكَانَ بَدِيْهِيّاً
أَنْ تَخْرُجَ – ثَانِيَةً – بِنْتُ الأَمْوَاهِ
بِلَا مَاءٍ
لَكِنْ بِمَعَانِي الْفَيْضْ؛
فَوَرَانِ النَّبْعْ،
تَقْوِيْضِ السَّدْ،

إنْبَاتِ الأرْضْ،

إطْفَاءِ النَّارْ!

(مَاذَا سَتَقُوْلُ عَنِ التُّفَّاحِ؟

وَصَلْصَلَةٍ مِنْ خَلْفِ الأشْجَارِ؟)

لِتَجَمُّعِ طِينٍ

عِندَ ضِفَافِ الجسمِ إذا يمْتَدُّ

ـ طَوِيْلاً فِي الآفَاقِ،

عَمِيقاً فِي لَحْمِ الْغَفَلانِ ـ

كَنَصْلِ مُؤَامَرَةٍ؛

– حَدِّقْ فِي الْمَاءِ

وَحَدِّقْ..؛

حَدَّقَ؛

ثم تَسَاءَلْ:

أيُّ النَّخْلَاتِ – عَلَى جَسَدِي –

سَتُعَجِّلُ بِالثَّأْرِ؟

أُعَلِّمُ أَبْنَائِي

أَسْمَاءَ الأَشْيَاءِ؛

وَسَيَأْتِي الْمَاءُ فَيَمْحُوهَا

مَا كُنْتُ حَصِينَ الدَّارِ،

وَلا أَدري نَزَقاً لِلنَّارِ

وَبُطْءَ الْمَاءِ الْمُفْتَعِلَين حَرَائِقَ،

كُنْتُ بِمَنْأى عَنْ تِلْكَ الْوَيْلَاتِ؛

إِلَىْ مَا يَنزاح الْمَرْءُ الْمَسْحُوْلُ

تُجَاه مُوَامَرَةٍ

حَاكَتْها أَذْرِعَةُ التَّكْوِينِ

وَدَانْتِيْلًا التِّيْه؟

فِي الْعُلا عِنْدَمَا!

قَدْ أَوْقَفَنِي عِنْدَ بُكَاءِ الْوَرْدَةِ

قَالَ:

تَعَالَ؛

فقد دَاسَتْ قَدَمَايَ الصَّخْرَ صُعُوداً

حَيْثُ أَشَارَ،

وَبَاتَتْ غَيْمَاتٌ تُخْفِي الْبَخْرَ

الْمُتَصَاعِدَ مِنْ ورْدٍ مَحْمُوْمٍ،

مِثْلَ نَحِيْبِ الْمَكْلُوْمِيْنَ

يُلاقِحُ آذَانَ الطَّوَّافِين

شَقَّ التَّطْوَافُ هُنَالِكَ،

وَهُنَالِكَ،

دَقَّتْ إِصْبَعُ غَيبْ

عِنْدَ الوَتَرِ الْمَشْدُودِ رَقِيقاً

بَيْنَ الْعُنْصُرِ وَالْمِيْثُولُوجِي؛

فَتَدَفَّقَ لَحْنٌ،

أَضْحَتْ وَرْدَاتُ الْبُسْتَان

— بمَوْسَدَةِ الْأَحْزَانَ —

كَأَفْئِدَةٍ لَمْ تُوطَأْ،

أَخَذَتْنِي رِجْلِي

حَيْثُ الْجِسْمُ تَمَدَّدَ فَوْقَ التَّبَّة

كَانَ الذَّرُّ الإِهْلِيجِيُّ

يُنَقِّبُ – تَوَّاقاً لِنَوَاةْ –

لِيُقِيمَ الْوَضْعَ

عَلَى نَسَقِ التَّشْكِيلِ

وَيَبْدَأُ عَزْفَ اللَّحْنِ جَدِيداً

هَلْ غَابَتْ عَنِّي

هَسْهَسَةٌ ما انْفَكَّتْ

– فِي إِلْحَاحٍ –

تَغْشَانِي بِالنُّورْ؛

وَأَسِيرُ..

وَأَغْرِسُ

ـ مَا إِنْ تَرْكَنُ أَعْضَائِيَ لِلرَّاحَةِ ـ

نَبْتاً سَيُطَاوِلُ مَا طَالَ،

وَيَعْلُو

مَا إِنْ رَقَّتْ قِشْرَةُ لَيْلٍ

حَتَّى جَاءَ الطَّرْقُ حَثِيثاً

وَوَشِيشُ الْمَاءِ يُنَاشِدُ ذَا الْقُوَّةِ

أَنْ يَبْعَثَ مَدّاً؛

كَيْمَا يُلْقِيَ عِنْدَ الشَّاطِئِ لُؤْلُؤَةً

قَدْ تُغْنِي النَّخْلَةَ فِي بَرْدِ الشُّطْآنِ

بِنُوْرٍ ذِيْ وَهَجٍ

أَلْفَيْتُ الْقَمَرَ الْمُتَوَاطِئَ

يُمْعِنُ فِي التَّسْوِيْفِ

وَكُنْتُ مَعَ الْمَاءِ

ـ وَبِمَحْدُودِيَّةِ شَوْفٍ ـ

نَسْكُبُ لَعْنَاتٍ

قَدْ طَرَّزَتِ الْخَيْطَ الأَوَّلَ لِلشَّمْسِ؛

ضُحَاهَا جَفَّفَ حَلْقِي

كُنْتُ كَتَبْتُ عَلَى نَفْسِي

الْيَوْمَ صِيَاماً

(وَالطَّامِحُ يَشْقَى)

كَانَ عَلَيَّ ــ أَنَا وَالْمَاء،

ومن باب تقيّةٍ الآن أغلّق تلك الآمال ــ

تَعْلِيقُ الآمالِ عَلَى وَجْهٍ آخَرَ للقَمَرِ

وَلَكِنْ..

مَاذَا لَوْ صَبَّتْ تِلْكَ الشَّمْسُ هَجِيْراً

لَا يَتَوَقَّاهُ الصَّوْمُ بِكَرْمٍ

أَوْ بِغِيَابٍ فِي أَصْلِ الْمَادَّةِ؟

كَانَ ضَرُوْرِيّاً

أَنْ نَنْسَى الْقُرْبَ؛ وَنَمْتَزِج

وننسَى الْمَزْجَ؛

وَنَصْبُوَ لِلْوِحْدَةِ فِي الصَّيْرُورَةْ؛

وَيَكُوْنَ النَّصَفَانِ

‒ عَلَى قَدَمٍ،

قِدَمَ التَّكْوِينِ ‒

الفَجْرَ المُنْتَثِرَ كَثِيراً وَضَئِيلاً؛

لِأُعَاوِدَ رَقْدَتِيَ الْأُوْلَى

لَمَّا قَدْ أَوْقَفَنِي

عِنْدَ التَّبَّةِ!

لِمَاذَا تَنْعِيني الزُّرْقَةُ؟

خَطَرُ الْمُوسِيقَى يَكْمُنُ

حِيْنَ تُفَاجِئُكَ:

«صَبَاحُ الْخَيْرِ»

كأوتارٍ..

لَمْ تَدْفَعْ أَنْفَاساً دَافِئَةً

وَمُحَمَّلَةً بِعُطُورِ الْجِسْمِ؛

فَتَأْخُذُكَ الدَّوَّامَةُ

عَنْ كُتَلِ اللَّحْمِ الْمُتَدَافِعِ،

آلَاتِ التَّنْبِيهِ

وَشَمْسٍ..

لَيْسَتْ صَاحِيَةً؛

كَيْ تُوْقِظَ وَهْجَ الْعِطْرِ،

وَتُلْهِبَ ظَهْرَ سَحَابٍ

بَيْنَا الْوَتَرُ الْمَشْدُوْدُ مُضِيئاً

يَرقبُ خَاصِرَةَ الْبَحْرِ الْمَعْصورِ؛

يُرَاوِدُ لَحْناً مَخْفِياً

تُبْدِيْهِ مَرَايا،

لو مَا لَفَّ الْمَاءَ

وَشِيْشُ غُوَايَتِهَا!

آيَتُهَا:

في زُرْقَةِ هَذَا اللَّيْلِ الْمُلْقَى

في صَفْحَاتِ عَرَاجِيْنِيْ،

وَأَهِلَّةِ تَكْوِيْنِيْ،

وَمَحَاقِ أَنِيْنِيْ؛

(فَلِمَاذَا تَنْعِيْنِيْ هَذِي الزُّرْقَةْ؟

ولماذا الْبَدْرُ يُجَافِيْنِيْ أَثَرَا؟!)

مِنْ أَسْرِ التَّمْرِ سَأُفْلِتُ،

ثم سَأَهْوِيْ فِي فَخِّ الْعِنَبِ،

وفِرَاءُ الذِّئْبِ يُنَاضِلُ فَوْقَ الْكَتْفِ؛

فَتَأْنَسُ فُسْتُقَةٌ

- تَتَشَقَّقُ قِشْرَتُهَا -

ذَوَبَانَ عِوَائِيَ

عِنْدَ مَفَاصِلِ قَسْوَتِهَا،

فَيُهَدِّدُ رُمْحُ الْفَجرِ

حُصُونَ إِمَارَتِهَا؛

فَأَظَلُّ عَلَى حالي؛

لِأُراقِبَ هِجْرَاتِ الأَمْواجِ

إِلَى سَمِّ الأَحْجَارِ

أُهَيِّئُهَا:

مِنْ غَفْوِ غَزَالَتِهَا سَحَرَا!

كَيْفَ أَقُودُ فَيالِقَ طُوفَانِي؟

هِيَ سُكَّرَةُ الشَّايِ

وَحَنْظَلَةُ الْقَهْوَةِ

وَلَهَا ـ كَالْخَيْلِ ـ سَنَابِكُ

لَكِنْ صَهْوَتُهَا غَيْرُ الصَّهْوَةْ

وَأَنَا..

مُذْ قَالَ رُعَاةُ شَمَالِيِّ الشَّرْقِيِّ:

خَرِيرُ الدَّمْعِ

يُؤَرِّقُ أَحْلَاماً

يَجْتَازُ فِنَاءَ الْغَفْوَةْ؛

أَثْقَلْتُ الرُّوحَ بِأَسْمَالٍ

أَبْلَاهَا الْفَقْدُ

فَهَلْ يُصْغِي لِأَنِينِ حَدَائِقَيَ الْمَاءُ؟

لِيَنْمُو – مِنْ كُلِّ رَبِيعٍ

تَدْهَسُهُ الْعَجَلَاتُ –

مَبَاخِرُ يُنْضِجُهَا جَمْرُ الثَّوْرَةْ؟

يَا كَفّاً وَاقِفَةً لِلَّيْلِ

عَلَى شُبَّاكِ مَحَطَّاتِيْ:

يَقْتَاتُ الْأَصْفَرُ أَخْضَرَ أَشْلَائِي!

تَقْطِيَبَةُ وَجْهِكِ

– فِي صَفْحَاتِ النَّهْرِ –

تُزَخِّرُ بِالأوجاعِ زَفِيْرَ النَّايِ

لِمَاذَا تَنْقَعُنِيْ فِيْ وَحْلِ مَوَاجِيْدٍ

تَمْتَصُّ مَوَاسِمَ أَمْطَارِيْ؟

بَلْ،

كَيْفَ أُرَوِّضُ يَابِسَهَا

وَأَقُوْدُ فَيَالِقَ طُوْفَانِيْ؟

وَجَفَافٌ يبْسَطَ أَذْرعَةً؛

فِيْ حَلْقِ سَمَائِيْ؛

لَا بُدَّ مِنَ الْحُزْنِ الْعُذْرِيِّ

لِفَضِّ غِلَالَاتِ الدَّمْعِ الْمُتَجَمْهِرِ

حَيْثُ أَشَارَتْ،

وَأَضَاءَتْ؛

قَالَتْ:

«لَن تُحرَقَ أجنحةٌ لفَرَاشٍ بَعْدَ الْيَوْمِ»؛

وَأَلْقَتْ فِيْ كَفَّيَّ

جَنَاحَ يَمَامَةْ!

حَنِينُ الذَّرِّ!

مَاذَا تَشْدُو أَوْتَارٌ

تَرْجُفُ فِيْ مِزْمَارِ الرِّيحِ

سِوَى مَطَرٍ أَلْقَتْهُ عَلَى ظَمَئِيْ؟

لكن فلاتي لم تروَ

أقول: لماذا يَقْرَأُ نَهْرٌ

ــ فِيْ عَيْنِ السُّحُبِ ــ

عَلَى نَبَئِيْ، سِفْرَ الْمَاءِ؟

قَدْ كَانَ الْبَحْرُ يُهَيِّئُ جَزْرَيْنِ،

لِيُشَاكِسَهَا

لَوْ دَغْدَغَ رَمْلَ الشَّاطِئِ

عَيْنَاهَا؛

اربَدَّتْ وَجْنَاتُ الْكَوْنِ،

وَلَاحَتْ غَمَّازَةٌ (!)

أَيُّ قِطَارٍ يَجْعَلُنِي

– فِيْ عُرْوَةِ رِحْلَتِهِ –

وَرْدَةٌ؛

يُلْقِيْهَا عِنْدَ صَبَاحٍ نَوَافِذِهَا؟!

مُذْ دَسَّتْ فِيَّ سِقَايَتَهَا؛

وَيُؤَذِّنُ – عِنْدَ عُبُوْرِيَ بَاباً لِلْأُنْثَى –

نَايَاتُ تَوَهُّجِهَا،

فَسَتَفْضَحُنِي الْإِيْمَاءَةُ

بَحْثاً عَنْ زَغْرُوْدَةِ ضَحْكَتِهَا،

حَيْثُ الزَّيْتُوْنُ يسيلُ

عَلَى جَمْرِ الْوَجْنَةْ؛

يُشْعِلُهَا،

وَيَلِيْنُ الْمَاءُ عَلَى كَفِّيَّ،

فَيُرْسِلُ نُوْقِيْ وَادِعَةً

لِمَفَازَاتِ الذِّكْرَى

وَيُبَدِّدُ نَقْشَ الْآنِ

بِوَعْدِ النَّظْرَةِ

وَقْتَ حَنِيْنِ الذَّرِّ

عَلَى أَوَّلِ عَتَبَاتِ الرِّحْلَةِ!

يَغْفُو فِي عَيْنَيْكِ الرَّهَفُ!

وَأَسْدَلْتُ رُوْحِيَ سِتْراً؛

لِئَلَّا.. تَرَى الشَّمْسُ

شَادِنَ عَيْنَيْكِ رَفُّ

وَعَيْنَاكِ غُدْرَانُ وَجْدِي..

وَنَهْرُ الْيَوَاقِيتِ إِلْفُ

وَشَوْقِي يُرَتِّلُ

أَقْمَارَ لَيْلٍ؛

مَقَاماً لِصَبٍّ

وَأَعْيَاهُ نَزْفُ

أَلُوْذُ بِجَمْرِ اشْتِعَالِكِ فِيَّ:

غَضىً يَشْتَهِي مِنِّي وَرْفُ

أُغَيَّبُ عَنِّي

إذا غِبْتُ فِيْكِ،

كَظَامِئِ عِشْقٍ سَلَاهُ رَشْفْ

وَأرْقُبُ شَمْساً عَلَى نَاظِرَيْكِ

ـ كَزَهْرِ الشُّمُوسِ ـ

بِقَلْبٍ وَجِفْ

أُعَاتِبُ بَحْرِيْ؛

صَرِيْعَ صَفَائِكِ،

بِالْمَوْجِ حِيْنَ رَآكِ؛

اعْتَرَفْ!

أَجِيْءُ كَرِيْحٍ؛

تُضِيْئِيْنَ حِضْنِيْ،

لَآلِئَ بَيْنَ قُلُوْبِ الصَّدَفْ

تَشَهَّى الضِّياء

حُنُوَّ الظِّلَالِ؛

كَحَرْفَيْنِ بِتْنَا أُنِيْسَيْ شَغَفْ

تَذُوبِيْنَ غَيْماً،

كَرَقْصِ الْفَرَاشِ،

وَيْغْفُوْ على حَاجِبَيْكِ الرَّهَفْ

أُقَشِّرُ عَنْكِ

انْشِغَالَكِ عَنِّي؛

وَإِنِّيْ لِشَهْدِكِ عِيْرٌ أَنِفْ

وَبَيْنَ الْمُرُوجِ،

وَحِيْنَ الْعُرُوجِ،

يُسطِّرُ مَاؤُكِ مَعْنَى التَّرَفْ

كَذَرَّاتِ عِشْقٍ:

تذوبُ،

امْتَزَجْنَا؛

كَرَمْلٍ بِسِرِّ الْمِيَاهِ الْتَحَفْ

وأَنْتِ التَّفَرُّدُ،

يَا شَمْسَ كَوْنِي؛

فَكُلِّي تَجَرَّدَ مِنِّي وَخَفُّ

فَكَيْفَ أُغَادِرُ أَرْضِي؟

وَنَبْضُكِ مُلْكٌ

بِعَرْضِ الْمَحَبَّةِ حَفُّ

كَأَنِّي – بِوَهَجِكِ؛

أَرْخَيْتِ جَفْنَكِ –

بُرْكَانٌ مَيْتٌ.. بِصَدْرِي رَجَفْ

صَرِيعُ جَنَاحَيْكِ

رَتَّبْتُ لَحْنِيَ،

وَالْخَطْوُ حَرْفْ

لَتَنْهِيدُ نَايِكِ

يُشْرِقُ فِي عَتْمَتِيْ؛

أَلْمِسُ النُّوْرَ مِنْكِ بِلُطْفْ

وَيَهْصِرُ قَلْبِيْ بَنَانُكِ،

تُصْهَرُ مِنِّيْ عِظَامِيَ؛

إِنْ قُلْتِ: كُفّْ

لَكَفْكَفْتُ نَبْضِيَ،

أَيْقَظْتُ أَوْتَارَ عِشْقِيَ

لِلَحْنٍ لَيَالِيْهِ أَلْفْ

وكُلُّ الشُّمُوسِ

تُغَادِرُ قُبَّةَ هَذَا الضَّرِيحِ الْكَبِيرِ..

وَإِلَّاكِ؛ إِلْفْ

يُطْفِئُ قَلْبِي عَبِيرَ اشْتِعَالِكِ

فِي مَاءِ رُوْحِيْ؛

لِتَرْفُلَ فِي صفو رُوْحِكِ،

عِشْقاً بُرِيْتُ؛ كَسَهْمٍ نُجِفْ

كَبَحْرٍ وَنَهْرٍ رَكَضْنَا

لِبَرْزَخِ هَذَا الْعِنَاقِ؛

غَفَوْنَا، وَفَاجَأَنَا الْعُمُرُ حِيْنَ انْتَصَفْ

أُتَبِّلُ قَلْبِيَ فِي رَاحِ ثَغْرِكِ؛

يَأْسِرُ رُوْحِيَ مَلْسُ الْخَزَفْ

فَتُوْقِظُ شَمْسُكِ عِطْرَ الْأَهِلَّةِ؛

يُغْدِقُ نَبْضُكِ شَهْداً قُطِفْ

وهَذِي الْأَنَامِلُ خَطَّتْ سَلَامِيْ؛

وَحَطَّتْ حَمَامِيَ وَسَناً وَشَوْفْ

فَصِرْنَا مَزِيْجاً،

ذَرَّاتِ عِشْقٍ؛

دَوَاءً لِمُلْتَاعِهِ يُرْتَشَفْ

وَإِنِّيْ..

– لِهَذَا الْفُؤَادِ الْحَرُوْنِ –

أَسُوْسُ صَهِيْلاً لِخَيلٍ وَجِفْ

أُدَلِّلُ وَجْدَ الْفَرَاشِ؛

لِيَغْفُوَ شَوْقُكِ

فِيْ مَهْدِ بَدْرٍ وُصِفْ

وَفِيْ نَاظِرَيْكِ..

اللَّيَالِيْ تَزَيَّتْ..

بِبَدْرٍ نُصِفْ

أَذَرُو الْحَنِيْنَ عَلَى حَقْلِ وَجْدِكِ؛

أَلْفَيْتُ قَلْبِيَ ذَرّاً نُسِفْ

أُرَوِّي الْعِجَافَ؛
سِنِيَّ التَّحَرُّقِ،
عيناك حقل وفرح يزف
وتَطْوَافُ: رُوْحِيْ،
كِعَابٌ: فَضَاؤُكِ؛
وَصْلاً وَلَكِنَّ
أَنَّى وَكَيْفْ؟

وتَثْمُلُ رُوْحِيْ.. بِورْدٍ كَذِكْرِكِ؛

يسْبَحُ فِيَّ عَبِيْرُكِ طَيْفْ

وتُشْرِقُ فِيَّ حُرُوْفٌ أضَاءَتْ

كَأَنِّي السَّمَاءُ، وَفِيَّ تَنْتَصِفْ

وَأَسْهَرُ مِلْءَ عُيُوْنِيَ أنْتِ

كَرُمْحٍ بَرَوْهُ

إلَى أَنْ ثُقِفْ!

مَزْجٌ أَوَّلُ!

قلْ كَيْفَ تُبَاغِتُ حَنْجَرَتِي

يَا اسمَ الْبِنْتِ

الْمَنْسُوْجَ عَلَى نَوْلِ الأَقمَارِ

لِتُوْقِظَ قَلْباً

رَتَّبَ حُزنَ الْعُمْرِ

عَلَى رَفِّ النِّسْيَانْ

لُغَتِي عَجْزَى

فِيْ حَضْرَةِ تِلْكَ الْبِنْتِ

وَعَيْنَاهَا

مُذ – فِيْ تَحْنَانٍ تَرقُّب

وهْيَ تُؤَلِّبُ نَبْضاً

يَهْدِمُ جُدْرَانَ الشُّرْيَانِ

وَيَرْكُضُ؛

حَيْثُ النُّورُ يُمَازِجُ ضِحْكَتَهَا

مِنْ خَلْفِ تِلَالِ الشَّوْقِ

وَأوْدِيَةٍ مِنْ نَارْ!

هَلَكَ الطَّوْفُ،

التَّطْوَافُ سَيُلْقِي بِيْ

في يَمٍّ مِنْ قَلَقٍ

هَلْ لِلطَّيْرِ الشَّادِيْ

ـ بِغُصُونِ الْوَقْتِ ـ

مَكَانْ؟

هَلْ آنَ

لِعُقْدِ الْمَزْجِ الْأَوَّلِ أَنْ يَنْحَلَّ؛

فيشرق غيبٌ ما باسمك في وجهي وأنام؟

يُتَبِّلُ نَرْجِسَهُ وَجداً!

هَلْ تَعْبُرُ ضِحْكَتُهَا

مِنْ بَيْنِ سَحَابٍ

يَبْرُقْ؟

نظرتُها

تَحْتَ الضِّلْعِ الرَّابِعِ

يَمْرُقْ؟

صَفْوٌ يَخْتَالُ عَلَى مَاءٍ؛

يَخْتَلِقُ الدَّوَّامَاتِ؛

لِيُغْرِقْ!

تَصْطَفُّ شَوَاطِئُ عَيْنَيْهَا؛

بَيْنَ الْجَزْرَيْنِ

وَمَدٍّ؛

يُعْتَصَرُ الْأَزْرَقْ!

فِي أَسْرِ صَبَاحَاتٍ

قَمَرٌ قَدْ بَاتَ..

وَشَفَتَاهُ شَفَقٌ،

وَالْمَطَرُ حَنِينٌ يَغْرَوْرِقْ!

وَحَزِيْنُ الدَّارَيْنِ

يَصِفُّ الْحِنَّاءَ

عَلَى رَفِّ التِّيْهِ؛

يُتَبِّلُ نَرْجِسَهُ فِيْ وَجْدٍ؛

يَتَشَكَّلُ زَوْرَقْ!

يَنْتَظِرُ – عَلَى سَفْحِ تَيَبُّسِهِ –

حَفْلَ بَهَالِيْلِ الْكَاهِنِ

يَفْتِلُ مِنْ شَرْقٍ تَجَدُّدِهِ

حَبْلَ النَّاقُوْسِ،

مَنَاحَاتٍ،

بَحْراً،

لَحْناً..

يُزْهِرُ فِيْ قَلْبِ الْمَفْؤُوْدِ،

وَيُطْلِقُ جَمَرَاتٍ

– فِيْ كُلِّ هَشِيْمٍ –

تَحْرِقْ!

مَنْزِلَةُ الْعُشَّاقِ!

فِي حَوْصَلَةِ النَّوْرَسِ

تَتَرَدَّدُ أَنْفَاسُ النَّحْلَةِ،

وَالنَّحْلَةُ..

ـ عِنْدَ مَشَارِفِ ضِحْكَتِهَا ـ

تَتَهَاوَى سِرّاً،

وَتُسَاقِطُ ـ جَهْراً ـ بَهْجَتَهَا،

تَتَلَاطَمُ سَعْفَاتٌ فِي الرِّيحِ،

وَتُدْرِكُ قَدَمَانِ

حَثِيثَ الْخَطْوِ

إِذَا تَاخَمَ لُجَّتَهَا،

كُلُّ نَبِيٍّ يَحْمِلُ

عُنْقُوْداً وَصَحَائِفَ،

لَكِنَّ جميلةُ هَذَا الْوَيْلِ

ادَّخَرَتْ شَلَّالاً لِنَحِيْبِ جِنَازَتِهَا،

أَرَّخَتِ الْأَحْدَاثَ

بِنَكْهَاتِ مَوَاسِمِهَا

وَتَحَاشَتْ أَسْرَارَ التَّنْزِيْلِ،

وقد – من خوفِ الظلمة – شعلتها

فَتَقَدَّسَ فِيْ الرِّيْحِ

هَبُوْبُ شَمُوْمٍ جَلَّلَهَا،

وَتَبَلَّدَتِ الْأُجْرُومِيَّةُ؛

حَتَّى عَقَّ الْحَرْفُ أَبَاهُ،

أَمْسَتْ تَغْزِلُ

— مِنْ مَأْسَاةِ الْمَأْزُومِينَ —

طَلَاسِمَهَا،

بَاتَتْ — عِنْدَ الرَّتْقِ —

تُمَسِّدُ جَوْفَ الْمَاءِ بِأَهْدَابِ النَّعْنَاعِ،

وَشَوْقٌ لِلرَّيْحَانِ يُجَاوِزُ سُدَّتَهَا

بَيْنَ مُنَاجَاةٍ

وَمُنَاغَاةٍ

وَزَئِيْرٍ؛
أَضْحَتْ تُفْرِقُ؛
حَتَّى عَزَّ اللَّحْنُ،
وَشَقَّ الرِّيْحَ صَفِيْرٌ
أَرَّقَ هَدْأَتَهَا..

مَأْسَاةُ فَتَاتِيَ:

أَنْ دَخَلَتْ مَنْزِلَةَ الْعُشَّاقِ

وَعَلَّقَتِ الْقَلْبَ

عَلَى رُمْحٍ أُمَوِيٍّ

نَاسِيَةً أَنَّ أَبَا مُوسَى

قَدْ مَاتْ!

مَوَاسِمُ الْفَقْدِ!

أَنَا فَرْحُهَا

وَهِيَ اسْتِبَاحَاتُ الضُّحَى

لِخَلِيْجِيَ الْمَنْذُوْرِ

لِلْمِلْحِ الْمُرَاوِغِ!

تَسْكُنُ الْأَحْدَاثُ رَمْلِيْ

وَاشْتِهَاءُ النُّورِ يَفْضَحُنِيْ؛

فَتَطْفُوْ

– فِي انْحِسَارِ الْبَحْرِ –

أَلْوَانِيْ؛

فَأَعْدُوْ

(أَيْقَظَتْنِي رِحْلَةُ اسْتِكْنَاهِ رُوْحِيْ)؛

فَالْتَفَتُّ..

وَكَانَ لَيْلٌ

قَدْ أَطَلَّ عَلَى فُرَاتِيَ

وَادَّعَى لُغَةَ النَّوَارِسِ مَنْطِقَا!

أَنَا حُزْنُهَا

وَالْمِلْحُ يُرْمِدُ مَا تَبَقَّى مِنْ بَصَرْ

وَهِيَ امْتِزَاجُ

لَجَاجَتِيْ بِفَصَاحَتِيْ،

جَهَدَتْ تُعَلِّبُ بَهْجَتِيْ

لِمَوَاسِمِ الْفَقْدِ الْمُغَلَّفِ بِالْحُضُوْرِ

وَأَجْهَدَتْنِيْ صَيْحَتِيْ:

يَا حَسْرَةً

أَوَكُلَّمَا بَاضَ الْحَمَامُ عَلَى كُهُوْفٍ؛

رُوِّعَ الزَّغَبُ الْمُسَافِرُ

نَحْوَ صُبْحِ الرِّيْشِ

يَنْزِفُ مَا تَبَقَّى مِنْ حَذَرْ؛

فَقَدِ الْتَفَتُّ..

وَكَانَ قُرْصُ الشَّمْسِ

نِيْلاً دَافِقاً!

أَنَا أَعْرِفُ الْمِلْحَ الَّذِي

أَخَذَتْ عُيُوْنِيَ شَهْوَتُهْ

وَهِيَ الْبَصَائِرُ كَامِنَاتٌ

فِي التَّخَلِّيْ

عَنْ جُمُوْدٍ يَعْتَرِيْ جَسَدَ الرَّصِيْفِ

وفِي التَّجَلِّيْ بِاشْتِعَالِ النَّارِ

فِيْ بُؤَرِ النَّزِيْفْ

هَلَّا إِذَا سَقَطَ النَّصِيفُ؛

أَزَحْتِ عَنْ شُبَّاكِ صُبْحِكِ غَفْوَتِيْ

لَوْ لَفْتَةٌ؛

كُنْتُ استِبَاقَ الْعَنْدَلِيْبِ

إِلَى الْمَشَارِقِ؛

أَرْتَجِيْ لَكِ مَشْرِقًا!

مَذاقُ الأُنْسِ!

اِحْتَشَدُوْا عِنْدَ مَرَاكِبٍ بَهْجَتِهَا،

اِهْتَزَّ الْبَحْرُ

بِقَفَصِي الصَّدْرِيِّ،

وَشَقَّ أَرِيجَ طُفُوْلَتِهَا

وَشْوَشَهُ الْمَاءِ؛

اِلْتَذَّ الْقَمَرُ الْوَنَّاسْ؛

قُلْتُ: أَلُوْذُ بِرَبِّ النَّاسْ!

مَاذَا فِي الْبَحْرِ

سِوَى طَاوِلَةٍ

تَتَّسِعُ لِكَفَّيْنَا

وَحَنِينٍ يَتَرَنَّحُ،

وَيُرَنِّحُ هَذَا الْكَاسْ؟

حَدَّثَنِي الْبَحْرُ

عَنِ الشَّجَرِ الْمَكْسُوِّ

بِأُوْرَاقِ الذِّكْرَى

وَالشَّوْقِ الْمُكْتَنَزِ:

تدلت منه قناديلَ الثمراتُ

اغْتَالَتْ شَرْنَقَةَ الدَّهْشَةِ،

وَأَذَابَتْ عُنْصُرَنَا الْمُبتَكَرَ

عَلَى وَهَجِ الْفَقْدِ

وَأَحْكَمَتِ الْإِعْصَارَ؛

فَمَا بَاتَتْ أَحْرُفِيَ الْحَالِمَةُ

يُجَاوِرُ أَحَدُهُمَا الْآخَرَ

إِلَّا حَرْفَانِ ائْتَنَسَا

بِحَفِيفِ الْكُرَّاسْ!

هُنَالِكَ عَرْبَدَتِ الرِّيحُ

وَعَبَّأَتِ الرِّئَتَيْنِ بِطَلْعٍ

أَشْعَلَ

ـ عِنْدَ سَحَابِ الْعَقْلِ ـ

فَتِيلَ الرُّؤْيَا:

تُغْدِقُ كَفَّاهَا مَطَرَ الْوَجْدِ..؛

تُهَيِّئُ طَمْيَتَهَا

لِعَرِيقِ الْفَاسِ!

كُنْتُ عَلَى رَفِّ تَشَيُّئِهَا

أَخْطُوْ فَوْقَ ذِئَابِيَ؛

جَمَّدَهَا أَنْ رَفَعَتْ

عِنْدَ هُرُوْبِ الْبَحْرِ

أَذَانَ التَّحْلِيقِ؛

فَطَأْطَأَتِ الرَّاسْ!

شَغَفِيْ بِالنَّارِ

يُجِلُّ جَبَلَ الْعَتْمَةِ

وَأَنِيْنُ النُّورِ يُكَلِّلُهَا بِالْمَاسْ!

بِتُّ جَنَاحاً يَفْتَقِدُ الرَّفْرَفَةَ

وَأَضْحَتْ مَعْنىً لِلرِّيْحِ،

مَذَاقَ الْأُنْسِ،

وَأَبْوَاباً..

لَا تُسْرِفُ فِيْ عَدَدِ الْحُرَّاسْ!

عَقِيقُ النَّجْوى!

تَتَصَفَّحُ مَا كَتَبَ اللَّيْلُ

عَلَى وَجْهِ النَّافِذَةِ

وَتَتَمَطَّى..

وَتُقَلِّبُ قَهْوَتَهَا

الْمَضْبُوطَةَ كَمَشَاعِرِهَا

لَا أُدْرِكُ مَا يَتَجَوَّلُ فِي الصَّدْرِ

عَلَيْهِ قِلَادَةُ أَنْيَابِ ذِئَابٍ حَصَدَتَهَا؛

فَأُعَايِنُ مَا دَبَّرَهُ الْمَاءُ لِأَسْنَانِي اللَّبَنِيَّة

وَأُغَادِرُ حَقْلَيْ عَيْنَيْهَا

قَبْلَ شُرُوقٍ يَخْطِفُ بَصَرِي!

كَيْفَ تُسَيِّجُ مَا حَوْلِيَ

بِأَرِيجِ الْحَيْرَةِ؟

وَأَنَا تَأْكُلُنِي الدَّائِرَةُ

وَقَدْ بَاتَ مُحِيطِيَ مَرْكَزُهَا!

النَّارُ تُعَالِجُ حَطَبِي

وَأَنَا لَمْ أُنْضِجْ غَيْرَ حَصَايَ

وَقَلْبِي يَتَضَوَّرُ عِشْقاً

فِي مَوْسِمِ مُشْمُشِهَا؛

أُفْرِطُ فِي اسْتِحْضَارِ أَرِيجِ اللَّفْتَةِ

فَيُبَاغِتُنِي عُرْفُ صَهِيلٍ

مَوْشُوْمٌ بِالصَّخَبِ..

الْعِنَبُ مَدَارَاتُ الضِّحْكَة

وَعَقِيْقُ النَّجْوَى عَتَّقَهُ الطِّلَّسَمُ

حَتَى أَغْنَانَا - عَنِ اثنِي عِشْرِينَ

مِنَ الْأَلْغَامِ الْمَزْرُوْعَةِ بِحُلُوْقِ النَّاسِ -

حُقُوْلٌ مِنْ أَنَانَاسٍ!

الشَّفَةُ الْمَضْمُوْمَةُ

تَنْثُرُ قُبْلَتَها

وَتُهَيِّئُ وجهتها

وَتُعَاوِدُ حَبْكَ اللَّحْنِ؛

أُغَنِّي!

خُرَافةُ لَيْلٍ!

كَفَنَارٍ..

يَتَجَوَّلُ بَيْنَ الْيَابِسَةِ

وَعَتْمَةٍ أَزْرَقَ؛

أَشْرَقَ مَوْجُ الضَّحِكَةِ

لَمَّا دَاعَبَ إِصْبَعُ نُورٍ

بَاطِنَ قَدَمَيْ مَهْجُورٍ؛

وَتَجَلَّتْ لَمَّا بَلَّلَهَا،

أَجَّلَتِ الرِّحْلَةَ،

أَجْلَتْ عَنْهُ الصَّدَأَ

وَصَدَحَتْ بِخُرَافَةِ لَيْلٍ،

عَقَدَ جَدَائِلَهَا

بِحُلُوْلِ الْعُقَدِ الْمُتَزَاحِمَةِ

عَلَى مِيْنَاءِ تَبَتُّلِهَا؛

هِيَ رَقْصَةُ قِطْرٍ

فِي عَيْنَيْ ذِئْبٍ

يَتَشَهَّى تَجْوِيْدَ اللَّيْلِ

عَلَى أَوْتَارِ تَلَأْلُئِهَا؛

نَخَلَتْ ضَحِكَاتِ الرِّيْحِ الْهَازِئَةً،

أَنَاخَتْ نُوْقَ الْأَسْوَدِ

حِيْنَ تَوَسَّدَ مَرْمَرَهَا؛

فَانْبَلَجَتْ؛

وَأَطَلَّتْ شَمْعَاتٍ

أَنْهَكَهَا الرَّقْصُ

عَلَى نَاي زَفِيرٍ

شَهَقَ الْإِلْيَاذَةَ،

وَكِتَابَ الْمَوْتَى،

ولياليَ سبعاً

قَفَّاهَا بِالشَّهْقَةِ

حِيْنَ رَآهَا

فِي عُنُقِ الْبُرجِ

تُعَابِثُ عَبْسَ الْمَأْخُوذِيْنَ بَعِيْداً

عَنْ سِرِّ تَشَيُّئِهِمْ

تَذْرُوْ عَبَقَ بَرِيْقٍ

فِيْ وُكُنَاتِ الْعَتْمَة

حَيْثُ يَبِيْضُ رُكُوْدُ الْمَاءِ!

بَرَاحٌ يَعْزِفُ فَوْضَاهُ!

أَعْبُرُ سَبْعَةَ أَوْدِيَةٍ؛

حَتَّى أَتَمَكَّنَ مِنْ صُحْبَةِ جُودِك

فَلِمَاذَا

تَسْلُبُنِي الرِّحْلَةُ أَجْنِحَتِيْ

وَيَتُوْقُ الرَّابِضُ بِضُلُوْعِيْ

لِحَرِيْرِ قُيُوْدِك

يَا امْرَأَةً تَرْجُفُ كَالْبَحْرِ

وَتُهْرِفُ أَصْدَافاً وَلَآلِئَ،

تَعْرِفُ كَيْفَ تُزَجِّجُ خَزَفِيْ

وَتَرُقُّ شَرَايِيْنِيَ مِلْحاً،

وَأَنِينِيَ يَعْلَقُ بَيْنَ الْمَدِّ وَبَرْقٍ؛

خَوْفٌ يَصْرِفُ عَنِّيَ

نَوْرَسَ أَفْرَاحِيَ

صَاحٍ مِنْ بَدْءِ التَّكْوِينِ

أَقُوْدُ الشَّمْسَ..

بَرَاحٌ يَعْزِفُ فَوْضَاهُ؛

فَتَصْطَفُّ الْأَنْغَامُ

عَلَى حَنْجُرَةِ الْوَتَرِ،

وَتُقْلِعُ سِرْباً:

يَخْطِفُ أَحْجَارَ سُدُوْدِكِ

وَأَنَا:

كَحِرَابٍ ثَقَّفَهَا:

أَنْ بَاتَتْ فِي شَبَقٍ

وَانْتَعَلَتْ رِيْحاً

بَلَّلَهَا صَخَبُ طُبُوْلٍ

تَرْقُصُ مِنْ رَعْدَتِهَا

حَتَّى بؤرُ الْمَاءِ

عَلَى كَفٍّ وُرَيْقَاتٍ

أَثْكَلَهَا أَنْ غَادَرَ خُضْرَتَهَا

وَسَنُ الثَّمَرِ

وَأَضْحَى الظِّلُّ بِلَا خَدَرٍ؛

قَالَتْ:

أَجِّلْتُ شَهِيْقاً يُحْيِينِيْ

حَتَّى يَمْلَأَ بِيْ

فَيْضُ وُجُوْدِكَ!

أَعَدْتُ مُتَّكَأً!

كَيْفَ لِهَذَا الْحَرْفِ الْأَمْلَسِ

أَنْ تَسْكُنَ حَافَّتَهُ نُقَطٌ

كَمْ أَنْفَقْتُ الْعُمْرَ

أَجُوبُ مُرُوجاً؛

كَيْ أَجْمَعَ ذَرَّاتٍ لَائِقَةً

بِالرَّفْرَفَةِ عَلَى كَفَّيْهِ؟

فَمُذْ وَقَفَ الْوَلَدُ

لِوَجْهِ الرِّيحِ،

وَهَزَأَ بِشَيْبَتِهَا؛

جُدْرَانُ الْحَارَةِ تَتَوَخَّى

أَنْ تَنْطَبِعَ عَلَيْهَا

أَظْلَالُ الْوَلَدِ مُتَبَّلَةً

بِمَعَازِفِ هَذِي الْبِنْتِ:

تُضِيْءُ مَسَاءَ نَوَافِذِهَا؛

فَتَحَتْ شُبَّاكَ صَهِيْلٍ،

وَأَطَلَّتْ..

حَيْثُ النَّاصِيَةُ الْمُتَسَكِّعُ،

وَدَوَاةُ أَنِيْنِ الْأَقْمَارِ الْهَارِبَة

مِنَ الطَّلَبِ الْيَوْمِيِّ

بِطَهْوِ بِشَارَةٍ!

(الصَّيْفُ المُرْهَقُ

يَخْتَارُ حَدِيقَةَ رَاحَتِهِ بِعِنَايَةٌ!)

لَا يَحْتَاجُ التِّيْنُ مِنَ اللَّفْحِ وِشَايَةٌ؛

هَذَا مَوْسِمُ تَحْرِيقِ الْأَبْدَانِ؛

فَبَيْنَ الشَّفَتَيْنِ وَعَيْنَيْهَا:

أَشْوَاطُ السَّعْيِ الْمُمْتَدَّةُ

تَسْطُرُ نَهْنَهَةَ الْمَطْرُودِينَ،

وَدَهْشَةَ تِلْكَ الْخُطُوَاتِ الْبَاحِثَةِ

عَنِ الظِّلِّ الْمُنْفَلِتِ مِنَ الْعُرْوَةِ!

فَلِمَاذَا – وَقَدِ اخْتَارَتْهُ صَفِيّاً –

زَادَتْ مِنْ شِقْوَتِهِ؛

حَتَّى ذَابْتْ قِشْرَتُهُ،

وَاخْضَلَّ الْعُشْبُ الْبِكْرُ،

وَصَارَ النَّايُ إِذَا دَخَلَتْهُ،

أَعَدَّتْ ـ عِنْدَ الْمُنْعَطَفِ

جوار ضُلُوعٍ ـ مُتَّكَأً،

وَانْطَلَقَتْ تَصْخَبُ بِحَدِيثٍ

كَانَ كَدَرَجِ السُّلَّمِ؛

يَأْخُذُهُ..

حَيْثُ الْمَلَكُوْتُ يَصِيْخُ السَّمْعَ

لِخُطُوَاتٍ أَبْجَدَهَا الدَّمْعُ!

مَزْجٌ مُحَالٌ!

تَخْلَعُ أَزْرَقَ دَهْشَتِهَا

عِنْدَ حُدُودِ تَرَقُّبِنَا،

وَتُقِيْمُ مَآذِنَ بَهْجَتِهَا فِيَّ!

وَتَجْتَاحُ بِطُوْفَانِ بَرَاءَتِهَا

مُدُناً حَصَّنَهَا جُلْمُوْدٌ؛

فَتُذِيْبُ تَلَكُّؤَ مِشْيَتِهِ،

تَكْفُرُ بِدُنُوِّ الْأَشْجَارِ،

وَتُنْشِدُ رَقْرَقَةً؛

تُلْقِيْ بِظِلَالِ الْجِفْنِ عَلَيَّ!

يَا قَمْحَ الْجَوْعَى..

جوْعَ الْقَمْحِ

وَيَا وَسَنَ الشَّلَّالِ

عَلَى كَتِفَيْ جَبَلٍ:

ظَمْآنُكِ..

مَا انْفَكَّ يَبِيْتُ عَلَى طَيِّ!

يَلْدَغُنِي الْوَجْدُ،

وَيَأْكُلُنِي الصَّمْتُ،

أَخَافُ مِنَ الدَّمْعِ

إذا فَرَّ؛

يُهَجِّنُ هَذَا الصَّفْوَ الطَّلْقَ؛

أُفَتِّتُ فَكَّيْ!

مَا كُنْتُ عَلَى أَعْتَابِ اللَّهْفَةِ،

أَسْتَافُ أَرِيْجَ تَوَحُّدِنَا؛

إِلَّا لِيَقِيْنٍ أَنَّ الْمَزْجَ مُحَالٌ

بَيْنَ الْبَرَدِ

وَبَيْنَ خَرَابٍ غَوِيٌّ!

أَوْصَيْتُ الزُّرَّاعَ

بِأَلَّا أُدْفَنَ..

إِلَّا ذَرَّاتٍ تَسْبَحُ فِيْ سَرَيَانِكِ؛

لِلْبَدَنِ – كَمَا لِلرُّوْحِ،

بِرَغْمِ تَشَبُّثِهِ –

أَنْ يَعْرِفَ كُلَّ مَذَاقَاتِ الْكَيِّ؛

حَتَّى تَنْطَفِئَ الْجَمَرَاتُ

الْقَابِضَةُ عَلَى حَبْلِ وَرِيْدِيَ؛

أنْتَظِرُ نُزُوْلاً

مِنْ بِنْتِ سَحَابٍ؛

تَقْرَأُ مَرْسُوْمَ وَعِيْدِي

أَوْ تُسْدِلُ سِتْراً؛

يَمْحَوْ:

أَنْ كَانَ هُنَالِكَ إِنْسِيٌّ!

صُبْحاً سَتُمْحَى كُلُّهَا الْأَدْوَاءُ!

عِنْدَ ارْتِقَاءِ الْفَجْرِ

سُلَّمَ لَيْلِهِ؛

كَانَتْ صَبَاحَاتٌ ــ هُنَاكَ ــ وَمَاءُ

وَالنِّيْلُ:

فِنْجَانٌ كَبِيْرٌ،

طَمْيُهُ بُنٌّ،

وَسِيْقَانُ الْبَنَاتِ رُوَاءُ

رَكْضُ الرِّيَاحِ

أَخَلَّ مِيْزَانَ الْمَدَى؛

فَالسُّحْبُ تَسْبَحُ

سَمْتُهَا الإِرْوَاءُ

وَالنَّخْلُ يَعْرُجُ لِلسَّمَاءِ مُعَانِداً

مِنْ بَعْدِ حَبْسٍ

قَدَّهُ الإِمْسَاءُ

وَالْبَحْرُ،

يَجْدِلُ مَوْجَهُ الْعَاتِيْ

كَمَا إِكْلِيْلِ غَارٍ،

دُرُّهُ الأَنْوَاءُ

بِالسَّفْحِ يَرْقُدُ

بَادِيَ الْعَجْزِ الْحَصَى

لَا تَسْتَرِبْ..؛

بَلْ إِنَّهُ اسْتِقْرَاءُ

فَإِذَا انْتَشَى

طَبْلُ الْوَغَى مُتَعَانِقاً؛

سَتَرَاهُمُ

عُقْبَانَ قَنْصٍ جَاؤُوْا

النَّارُ – مُفْتَتَحِي أَنَا،

وَأُعِدُّهَا مِنْ أَلْفِ حُزْنٍ –

صَاغَهَا مَنْ فَاؤُوْا

كَانَتْ جِبَالٌ

ثَمَّ تَجْثُمُ فِي خَنىً،

وَعَلَىْ رُوُوْسِ التَّلِّ

طَلَّ عِوَاءُ،

مَا قَدْ هَوَى..

مَا كَانَ يَوْماً لِلذُّرَى؛

هَلْ يَصطَفِي الزَّغَبَ السَّفِيْهَ

نَقَاءُ؟!

مَا عَادَتِ الدُّنْيَا كَمَا تَشْتَاقُهَا

سَتَزُوْلُ عَنْكَ،

وَتَسْقُطُ الأَسْمَاءُ!

كَالسَّاحِرَاتِ

تَهِيْمُ ـ لَيْلاً ـ سَادِراً

وَتُذِيْبُ لَحْمَكَ

ـ عَارِياً ـ أَضْوَاءُ

جَزِعاً تَمُوْتُ

وَلَيْسَ يَرْثِيْكَ الْبُكَا

صُبْحاً سَتُمْحَى كُلُّها الأَدْوَاءُ!

إِلَى الْمَتَاهَةِ.. رَكْضاً!

تَنَامُ الْبِلَادُ عَلَى جُرْحِ قَلْبِي

وَقَلْبِي حَزِينٌ يَجُوبُ الْبِلَادْ

فَهَلْ تُشْرِقُ الشَّمْسُ

‑ بَيْنَ يَدَيْكِ ‑

خُيُولاً تُرَتِّقُ فَتْقَ الْفُؤَادْ؟

وَهَلْ يَصطَفِينِي الْفَضَاءُ نَبِيّاً

يُلَمْلِمُ ‑ فِي شَهْوَتَيْنِ ‑ الْعِبَادْ؟

تَسِيلُ الدُّمُوعُ عَلَى وَجْنَتَيْهِ

وَنَظْرَةُ عَيْنَيْكِ قَضُّ الْمِهَادْ

وَحِينَ اللَّيَالِي؛ تَطُولُ الْحَكَايَا

يَظَلُّ ضُحَايَ..

عَصِيَّ الْمِدَاذْ

وَتَبْقَى جَدَائِلُ لَيْلِ التَّخَلِّي

عَنِ الْحُلْمِ سَوْطاً

يَقُوْدُ ارْتِدَاذْ

وَلِلصُّبْحِ بوحٌ حَبيسُ التَّرَوِّي

أَعِنْدَ اشْتِعَالِ الْبِحَارِ انْقِيَاذْ؟!

تَجَلَّتْ

- عَلَى الْبُعْدِ -

نَارٌ أَضَاءَتْ..

فَكَانَ الْوُصُوْلُ،

وَكَانَ الرَّمَادْ

أَنَا مَنْ تَرَاجَعَ مِنْ دُوْنِ جَدوَى

بِأَرْضِ الْمَتَاهَاتِ نَحْوَ الْمَعَاذْ

أَأَجْلِسُ فَوْقَ رَصِيْفِ الْأَمَانِيْ

عَجُوْزاً يُنَمْنِمُ عُرْسَ الْبِعَاذْ؟!

لَحنُ الأَشْجَارِ!

مُذْ أَلْقَتْ يَدُكِ حَنِيناً

لِيُظِلَّ جَبِينِيَ؛

وَأَنَا أَيْقُونَةُ لَحنِ الأَشْجَارِ!

كَيْفَ - لِهَاتَيْنِ الْعَيْنَيْنِ الْغَافِيَتَيْنِ

عَلَى بِئْرِ الأَسْرَارِ -

عُرُوجٌ فِي مَلَكُوْتٍ

تَتَقَلَّصُ فِيهِ الأَمْوَاهُ

لِتَنْفَجِرَ بِعَيْنَيَّ حَدِيثاً

تَبْتَلِعُ الصَّحْرَاءُ حُرُوْفَ تَأَوُّهِهِ

فِيْمَا تَتَخَلَّلُ خِلْجَانَ الأَوْرِدَةِ

عَلَامَاتُ تَعَجُّبِهِ،
وَتُبَعْثِرُ رَأْسِيْ فَوْقَ وِسَادَةْ!

ذَادَ الضَّحكَةَ عَنْ شَفَتَيَّ
حَرِيْقٌ..
يَشْتَعِلُ مِرَاراً،
وَمَرَارٌ يَسْتَوْطِنُ أَثَرَ الْقَفَزَاتِ،
وَزَادَ السَّفَرَ مَشَقَّةً
أَنْ خَرَجَتْ كُلُّ الطُّرُقِ
تُؤَدِّيْ لِنِهَايَاتٍ

لَسْتِ بِهَا،

وَاعْتَصَمَ طَرِيقُكِ

بِالْخُطُوَاتِ الْمَحْسُوبَة

تُمْلِيهَا مُوسِيقَى الرِّيحِ،

وَإِيقَاعُ الْمَطَرِ،

وَقَادَ النَّخْلَاتِ ـ النَّزَّاعَةَ

ـ لِسُمُوِّ السَّعَفِ ـ

حَرِيقُ السُّكَّرِ فِيْ تَمْرَتِهَا؛

أَلْتَاثُ..

إِذَا مَا اصْطَادَ الْعَقْلَ

جُنُوْنُ مُحَيَّاهَا،

حَيَّاهَا الْبَحْرُ

بِمَوْجَاتٍ سَبْعٍ،

أَلْقَى - فِيْ زَاوِيَةِ الضَّحِكَةِ -

لُؤْلُؤَهُ؛

وَتَنَاثَرَ..

حِينَ الْعَبَقُ تَمَادَى،

كُنْتُ أُرَاقِبُ هَنْدَسَةَ الْوَجدِ

الْمَشْغُوْلَةَ بِجَنَاحِ فَرَاشَةٌ

حَتَّى شَهَقَ الْبَحْرُ؛

انْتَفَضَتْ..؛

وَالْغُصْنُ ـ وَحِيْداً ـ قَدْ مَادَ!

نـــورا!

لِيْ كَهْفٌ..

تَتَرَيَّضُ فِيْهِ الْعَتْمَةُ،

وَأُرَوِّضُ فِيْهَا خَلْقَ النُّوْرِ؛

يُعَانِدُ عَطَشَ الْوَقْتِ،

وَيَغْمِدُ فِيْ مِحْبَرَةِ اللَّيْلِ

كَوَابِيْسَ وَبَعْضَ مَنَامَاتٍ

تَتَفَتَّحُ فِيْهَا الرُّؤْيَا،

وَتُغَادِرُ حُلْكَتَهَا،

تَقْتَسِمُ الْبَرْقَ،
وَتُشْرِقُ مِنْ خَنْدَقِهَا؛
لِتُبَعْثِرَ فِي رِئَتَيَّ
شَهِيْقَ الشَّهْوَةِ
أَنْ يَنْطِقَ – بِحُرُوْفِ النُّوْرِ –
زَفِيْرُهْ!

وَأَنَا مَا وَسَّدَنِي الشَّوْقُ

سَحَابَةً إِغْوَائِيْ؛

هِيَ سِرُّ الْمَاءِ،

وَمَاءُ سَمَائِيْ،

وَسَمَاءُ الْحَضْرَةِ،

إِنْ حَضَرَتْ؛

فَانْحَدَرَتْ مِنْ قَلْبِيْ

شَلَّالَاتُ الشَّبَقِ

وَنَبَقٌ مِنْ سِدْرَةِ شَوْقِيْ!

جَفَافٌ عَلَى ذِرَاعَيْ فَيْضِهَا!

على غصنينِ ترقدُ فكرتين،

وإن غفتْ يصحو المغنّي

حين تركضُ

مِنْ صَهِيْلِ الْبُرْتُقَالِ

تُطَرِّزُ الْأَلْوَانَ دِفْئاً

تَحْمِلُ الْأَمْوَاهَ وَعْداً؛

أَنَّ أَجْنِحَةَ الْبَنَفْسَج

سَوْفَ تَرْحَلُ عَنْ ضَرِيْحٍ

تُشْرِقُ الْأَوْرَادُ فِيْهِ

كُلَّمَا صَفَّ الْمُرِيْدُ حُرُوْفَهَا؛

قَدْ بَعْثَرَتْهُ النَّرْجِسَاتُ النَّابِتَاتُ

عَلَى سِيَاجِ أَرِيجِهَا

إِذْ كَيْفَ لِلذَّرِّ الْمُغَايِرِ

- فِي طُفُولَةِ كَوْنِهَا -

أَنْ يَسْتَعِيدَ كِيَانَهُ الْمَخْطُوْفَ

فِيْ مُدُنِ الْغُبَارِ

وَلَيْسَ يُوْرِقُ فِي النِّدَاءِ

حَنِينُ هَدْهَدَةِ الْقَرَنْفُلِ

لِاسْتِعَارِ الْوَجْدِ فِيْهِ؟

مَنْ يُرَوِّضُ - فِي الْقِطَارِ -

جُمُوْحَ صَافِرَةٍ

تُقَلِّمُ فِي الْمَحَطَّاتِ الْوَدَاعَ؛

التَّائِهُ الْمَوْقُوْفُ

يَنْتَظِرُ انْدِلَاعَ الصُّبْح

مِنْ ثَغْرِ السَّوَاسِنِ

إِذْ تُؤَرِّخُ رِحْلَةَ الْأَنْهَارِ

فِيْ حَلْقِ الْجَفَافِ

الْمُسْتَكِيْنِ عَلَى ذِرَاعَيْ فَيْضِهَا!

الْعَارِفُ الْمَلْهُوْفُ

يَخْنُقُ شَهْقَةً؛

لِتَظَلَّ فِي الْأَجْوَاءِ رَعْشَةُ خَصْرِهَا

أَيْقُوْنَةَ الْأَمْوَاج

تَهْدِرُ فِيْ سُكُوْنِ الْأُقْحُوَانِ بِزَهْوِهَا

وَالْعَازِفُ الْمَجْدُوْلُ بِاللَّحْنِ اسْتَوَى

عِنْدَ انْعِتَاقِ الْوَجْدِ

مِنْ أَسْرِ الرَّيَاحِيْنِ اكْتَوَى

بِالصَّمْتِ فِيْ حَلْقِ الْيَرَاعَةِ؛

مَا ارْتَوَى..

حَتَّى تَفَتَّحَ فِي النَّشِيدِ عَبِيْرُهَا!

أَرِيجُ النَّفْحةِ

من يرسلُ مطراً غنَّاءَ

حين يميلُ به إبهامٌ كالإبريق

وتضغط سبّابةٌ

كي تسقط سيدةٌ كسحابةٌ

تَعْلَمُ أَنَّ عُطُورَ الْأُغْنِيةِ

سَتَنْبِتُ فِي سَهْلٍ يَتْبَعُ خُطْوَتَها؛

تُمْعِنُ فِي الْلَافَنْدَرِ،

وَتُكَثِّرُ عَنْ هَجْرٍ؛

فَأُقَشِّرُ عَنْها بَعْضَ الْبَارَانُويَا؛

تَنْبَلِجُ الرُّوحُ الْأَوَّابَةْ!

الرَّعْدُ رَبَابَةٌ؛

تَكْسِرُ جَازَ اللَّحْنِ،

تُقَلِّمُ ظِلَّ السَّابِلَةِ

عَلَى حَجْمِ الدَّمْعِ،

تُقَلِّبُ صَفْحَةَ هَذِي النَّاسِ أَصَابِعُهَا

بَيْنَا الْمَشْهَدُ يَحْفُرُ جِلْدَ الرُّؤْيَا،

يَسْكُبُ فِي الْأُخْدُودِ كَآبَةٌ!

الْقَلْبُ: رَحَابَةٌ؛

فِرْدَوْسٌ يَأْتَنِسُ بِعُصْفُورٍ

جُلُّ الْحَوْصَلَةِ أَرِيجُ النَّفْخَةِ

وَيُرِيقُ بَقِيَّتَهَا عِنْدَ الْعَتَبَاتِ

عَلَامَاتِ بُلُوغِ مَقَامَاتٍ

لَوْ يُتْلَى فِيهَا التَّغْرِيدُ؛

انْقَلَبَ ذِهَابُ الْوَجْدِ إِيَابَا!

دَرَجٌ يَسْتَقْطِبُ خَطْوِيَ لِلْأَعْلَى

يَسْتَبْدِلُ بِيبَابٍ غِيَابِكِ

ظَمَأً الرُّوحِ

مُرُوجاً وَشَرَابَا!

إِشْعَارُ التَّتْوِيجِ!

كُلُّ بِنْتٍ أتيتها ــ لَيْلاً ــ

مِنْ بَسَاتِينِهَا

قَدْ خَرَجْتُ ــ صَبَاحاً ــ مَدىً

أَحْتَسِي قَهْوَتِي سَادَةْ!

لَكِنْ أَلْقَتْ بِحَنِينٍ

عَلَى حُزْنِ قَلْبِيْ؛

فَأَيْنَعَ غُصْنِي،

وَمَادَ!

هِيَ

فَرْحُ طُيُوْرٍ

صَوْتُ بَرِيْقٍ

نَهَارٌ حَمَلَ مَشَارِطَهُ

(نهار سيحمل مشرطه)

لِيَقُدَّ مَسَاءَ؛

وَهَا هُوَ وَعَادَ!

هِيَ..

نَهْرٌ تَمَادَى فِي صَحْرَاءِ الرُّوْحِ

لِيَنْثُرَ طَمْيَ التَّكْوِيْنِ؛

امْتَزَجَتْ بِالْأَصْفَرِ زُرْقَتُهُ

وَيُضِيْءُ الْأَخْضَرُ فِيَّ؛

وَأَجْرِي

لِطَبْلٍ مَحْمُوْمٍ

لَا يَعْرِفُ لِلدَّقَّاتِ هَوَادَةْ!

هِيَ..

إِشْعَارُ التَّتْوِيجِ

وَإِيْقَاعَاتُ فَرَاشَةْ

وَأَنَا الْمُحْتَلُّ

بِعَرْبَدَةِ النُّوْرِ المطلق

أَخْشَى أَنْ تطْفِيَنِي الْعَادَةْ!

الْقَلْبُ مَحَارَة!

لَا تُدْهِشُنِيْ أَفْعَالُ الْمَارَّةِ

لَكِنْ تُنْشِي ضَحكَتُهَا يَوْمِيَ

وَتُغَافِلُ أَوْرَاقِيْ؛

تَحْتَلُّ عَلَامَاتِ التَّنْصِيصِ

وَتَتْرُكُ أَسْفَلَهَا

اسْمَ الْمَرْجِعِ

كَيْ مَا أَرْجِعَ عَنْ غَيٍّ

قَدْ هَيَّأَنِي لِدُخُولِ الْعَتْمَةِ

مُؤْتَنِساً بِبَصِيصِ الضَّحكَةِ

تَارَةً

أَوْ حِيْنَ عَزَفْتُ

بِأَحْرُفِ سَارَةٌ!

يَا حُزْنَ الدَّوَّامَاتِ

مَدَدْنَ ذِرَاعاً

تَجْلِبُ عُشَّاقاً

لَكِنَّ ضَجِيْجاً خَلْفَ الضَّحِكَةِ؛

خَلَّفَنِيْ

وَأَنَا غَرْقَانٌ أَصْمُتُ

مِثْلُكَ مِثْلِي..

يا عامود، نارة

يَا ضِحْكَتَهَا..

إِذْ تَدْهَسُ أَعْوَادَ النَّرْجِسِ

وَتُغَامِرُ..

إِنْ حَلَّتْ فَوْقَ سَمَائِيَ غَارَةْ!

فِعْلاً..

لَا تُدْهِشُنِي أَحْوَالُ الْمَارَّةِ

لَا مَعْنَى لِأَرِيجٍ

بَيْنَا أَرْصِفَةٌ قَدْ شَكَّلَهَا

رِدْفَا الشَّحَّاذَةِ

إِذْ وَلَدٌ يَجْري بِالنَّاصِيَةِ:

– الْعَسَسُ الْآنَ اقْتَرَبُوا؛

كَيْ يَقْتَحِمُوا الْحَارَةْ

مَزْجٌ لَا يُخلطُ

احْتَاجَ إلى ضَبْطِ مُعَادَلَةٍ

فِيْ كُرَّاسِ الْبِنْتِ

اللَا تَعْرِفُ طَعْمَ الْقُبْلَةِ

إلَّا لَوْ تَرَكَتْهَا بِضْعَ لَيَالٍ

فِيْ عَدَمِيَّةِ صَاحِبِهَا

حَيْثُ الْقَلْبُ الْتَفَّ كحزن مَحَارَةْ!

هَلْ تُشْرِقُ

- فِي التَّكْوِينِ بِلَيْلٍ،

وَبَعْدَ نَحِيبِ النَّاي،

مِنَ - بِشَارَةْ؛

أَتَوَحَّدُ فِي عَزْفِ الضَّحِكَاتِ؛

فَلَا يعْنِينِي مَنْ مَرُّوْا؛

فَأَنَا..

تَحْجُبْنِي..

- عَنْ كُلِّ الْمَارِّيْنَ -

سِتَارَةْ!

بِاسْمِكَ كُنْتُ.. بِاسْمِكَ أُقْتَلُ!

رَكَضُوا..

لِزُقَاقٍ بَلَّطَهُ سَيْرٌ؛

لَكِنْ أَحَداً لَمْ يَلْقَوْا!

كَانَ خَرِيْفٌ مَا

يَسْتَدْرِجُ مَا يَتَمَسَّكُ بِالْأَشْجَارِ

بِوَقْتٍ فِيْهِ

تَبَوَّأَتِ النِّيْرَانُ مَكَانَتَهَا!

● لُفَّ الجرح بِمنْدِيْلٍ

واضْغَطْ،

واضْغَطْ؛

حَتَّى تَتَفَجَّرَ فِيْكَ الصَّرْخَةُ

ـ مِنْ عَيْنَيْكَ ـ

سَلَامَا!

عَاطِفَةُ الذِّئْبِ احْتَجْتُ الآنَ؛

كَيْ أَتَحَمَّلَ تِلْكَ الأَرْضَ

إِذَا مَادَتْ

حَيْثُ الْجَسَدُ الْهَزْلَانُ تَخَلَّى؛

ثُمَّ تَجَلَّى الْوَجْدُ؛

وَذَابَ الرَّيْبُ؛

فَأُشْرِقُ عَنِّي!

أَرْبَكَنِي؛

إِذْ أَخْرَجَ مِنْدِيلاً

يُشْبِهُ مَا الْتَفَّ عَلَى جُرْحِي،

أَخْفَى فِيهِ الْمَاءَ

وَقَطَّبَ،

ثُمَّ اسْتَبْشَرَ،

وَاسْتَأْنَى أَنْ أَفْعَلَ شَيْئاً

غَيْرَ وُقُوفِي؛

حَتَّى بَزَّتْ ضَحِكَتُهُ ضِلْعَيْنِ

وَكَانَتْ زَاوِيَة الرُّؤْيَا:

– جِزَماً تَتْرَى لِتَدُوسَ،

– سَمَاءً تَضْغَطُ حَتَّى دُكْنَتِهَا،

– وَنُجُوماً تَتَسَاقَطُ بَرَدَا!

– رَائِحَةُ غُبَارٍ فَظٌّ

تَقْبَعُ في رُكْنِ الرِّئَتَيْنِ

وَتَتْرُكُ – بِالشَّفَتَيْنِ –

النَّعْلَيْنِ الأَسْوَدَ وَالبُنِّيَّ

مَا زَالَا عِنْدَ مَدَاخِلِ جِسْمِي

حَيْثُ يَقَرُّ غُبَارٌ فَظٌّ

فِي رُكْنٍ مَا..!

• مَا لَوْنُ الرَّشَفَاتِ

بِفِنْجَانٍ مِنْ غَيْرِ السُّكَّرْ؟!

حَدِّقْ

وَتَدَبَّرْ!

جَاءَ الْأَزْرَقُ

تَخْفِقُ أَلْوِيَةُ الْيُوْدِ الزَّاهِي فِي كِتْفَيْهِ؛

اهْتَجْتُ

وَثَمَّ أَفَقْتُ

وَحِرْصٌ يَكْتَنِفُ اللَّفَتَاتِ

مَكَثْتُ عَلَى قُرْبٍ مِنِّي؛

وَهُنَالِكَ أَرْسَلَني – مَجْلِياً هَذا – الرَّمْلُ

بِكَفَّيْ أَزْرَقِهِ

إِذْ تَخْفِقُ أَلْوِيَةُ اليُوْدِ الزَّاهِي فِي كِتْفَيْهِ!

يَنْسابُ دَمِي

كَنَشِيْدِ مَدِيحٍ

ظَلَّلَهُ صَفْحٌ!

أَحْتَاجُ لِعَاطِفَةِ الوَرْدِ؛

لِكَيْ أَتَحَمَّلَ هَذَا الضَّوءَ

إِذَا بِجَلالٍ أَشْرَقَ،

إِذْ شَفَّتْ تِلْكَ الْعَتْمَةُ لَوْني

أَغْمَدَ ضَحكَتَهُ الْأَزْرَقُ،

دَسَّ الْمِنْدِيلَ.. تَرَجَّلَ؛

لِيُمَثِّلَ بِالْجُثَّةِ

ابْتَكَرَ – مِنَ الْجَسَدِ الْمُلْقَى –

مَنْحُوْتَةً نُزْقٍ؛

لَكِنَّ يَبْلَى الْجِسْمُ؛

تَوَلَّدَ فِي الْجَوِّ

الْإِعْصَارُ – بِنَارِ الثَّأْرِ –

تَبَلَّعَ هَذَا الْجِسْمَ

وَظَلَّ الْغِمْدُ مُدَلَّى،

وَالْقَدَمَانِ تَمَدَّدَتَا

بَحْثاً عَنْ نَعْلَيْنِ

إِلَى أَنْ بَلَغَ زُقَاقاً

ثَمَّ رِفَاقٌ

كَانُوا فِي نَفْسِ الطُّرُقَاتِ

وَقَدْ رَكَضُوا!

الفهرس